LE JOURNALISME

EN PRÉSENCE

DES ÉLECTIONS.

> « Le monopole de la presse, agite et
> « trouble par le jeu des visions, les imagi-
> « nations ; abat et courbe sous le joug des
> « sophismes, les intelligences : interceptant
> « autour des unes et des autres, tout rayon
> « de pure et vive lumière. » (*De la Domi-*
> *nation des Journaux : 1828.*)

PARIS,

A. PIHAN DELAFOREST,

IMPRIMEUR DE LA COUR DE CASSATION,

rue des Noyers, n° 37.

1831.

Si un peuple auquel, par malheur, aurait été donnée la
faculté de lire par les yeux, bien qu'il fût dépourvu de la
capacité de lire par l'esprit, allait aliéner son opinion, lais-
sait confisquer son jugement, à la merci de quelques feuilles
volantes ; s'il ne voyait plus, n'entendait plus, ne pensait
plus, qu'à travers cet organe factice, ce semble superposé
à l'intelligence, intercalé entre les sens et les sensations ;
ce serait un signe certain que les pouvoirs du cœur et de la
tête manquent à son organisation, ou du moins qu'étant
mal constitués et n'étant plus excercés, ils sont à la veille
de faillir tout-à-fait. Un cas pareil ne s'était vu encore
que dans les gorges du Valais. Il y a abrutissement ; il y a
opprobre, ignominie.

De même que dans l'Afrique, c'est le fétiche ; en
France, c'est le journal, dont les oracles sont invoqués,
sont implorés pour enseigner aux gens comment il leur
faut vouloir, agir. . . . .

L'opinion, qui ne voit pas à se conduire, ne manque
jamais de se laisser mener ; et, passant au pouvoir de
quelque faction, devenant un instrument servile, est entraînée par des suggestions étrangères, au-delà du terme
où se serait arrêtée la passion même.

Il faut donner à la nation française, en imitation du
grand exemple de l'Angleterre, l'éducation du bon sens ;
il faut l'amener peu à peu à saisir la vérité des choses et à
se défier de l'éclat des phrases ; il faut obtenir qu'elle se
fasse une opinion, que son opinion tourne en volonté,
que sa volonté entre en action.

Enseignez à lire, excitez à lire, fournissez à lire. Dans
les sciences physiques, un mot comprend tout : voir. En
morale, en politique, ce mot est ainsi traduit : lire.

Lire, invite à comparer, à réfléchir, empêche de s'a-
veugler soi-même et d'être trompé par les autres.

Lire mal, est synonyme de lire peu ; lire bien est identique avec lire beaucoup. Un peu de science, a dit un
grand homme, éloigne de la religion ; beaucoup de science
y ramène.

(Des Journaux, 1827.)

Généralement, les hommes religieux et royalistes, car ces mots sont à peu près synonymes ; n'ont point été aux élections.

Dieu garde de les y avoir engagés !

Sans doute, c'est un tort.

D'abord, en ce que la royauté ayant disparu de la scène, il restait à sauver la religion, les mœurs, la société, et l'humanité même.

Puis, en ce que leur absence devant agiter et inquiéter, tendait à augmenter les obstacles, comme à diminuer les moyens, dans le sens de leurs vœux instinctifs.

Mais ce n'est pas un mal.

Les douleurs sont trop fraîches, trop vives. Du sein des regrets poignans, jaillissent les espoirs éblouissans : compensation obligée dans la nature humaine.

Aux collèges de majorité royaliste, on n'eût élu que des membres de l'extrême droite.

Ceux-ci, dont le dévouement avide de se sacrifier, méconnaît qu'il lui est défendu de sacrifier les autres.

Ceux-là, trop communs en ces temps, qui déja ont perdu ce qui était et perdraient encore ce qui serait, ne faisant qu'une affaire, ne se faisant qu'un métier, de leur rôle politique.

Dans les collèges de minorité , tantôt l'humeur eût fait porter les voix sur les meneurs les plus exagérés de l'opposition : tantôt le ralliement en faveur des candidats modérés , aurait éloigné d'eux, une quantité d'esprits méfians et haineux.

Ainsi la gauche apparaissait plus forte en nombre , dès l'ouverture.

Et la droite si faible, s'exaltait ; s'emportait d'autant en paroles trop vaines , repoussant de banc en banc , les sections du centre , jusqu'à l'extrémité opposée.

Toutefois , il importe de discerner quels ont été , dans cet acte d'ilotisme , non pas les motifs patens de l'opinion , mais les mobiles occultes de la volonté.

Car , en y voyant le premier pas d'une marche vraiment raisonnée , l'inquiétude pousserait à des mesures acerbes , qui seraient propres à amener les risques dont on s'effraie.

Car enfin , soit que la France reste monarchie ou devienne république , l'ordre quelconque ne tiendra qu'autant que la classe dissidente y aura été ralliée : sauf que l'on prenne le parti de l'exterminer.

Eh bien , ces mobiles, ces motifs , s'il plaît de les appeler ainsi , sont frivoles , sont futiles au dernier degré.

Certes , la formule revêtue, on ne sait pourquoi , du titre de serment , n'y entre pour rien.

Elle engage seulement l'homme à ne pas attaquer le trône à main armée.

Elle n'engage nullement le citoyen : attendu que le souverain même, à l'unanimité moins une voix, est sans pouvoir sur la volonté récalcitrante.

Et cependant, cette formule illicite, a vicié en principe, l'œuvre des élections : en ce qu'elle en a éloigné tel ou tel des ayans-droit.

La loi a pris son devoir, à rebours.

Son devoir, et par conséquent son droit, son seul droit, serait d'obliger tout homme admis aux fonctions électorales, à se rendre aux collèges, à donner son vote.

L'électeur a charge d'ames : la force des choses l'a fait le représentant d'une infinité d'hommes semblables à lui.

S'il s'abstient, il les trahit.

Comme aussi, lorsqu'on l'en écarte, on fraude la société, on se joue de la souveraineté, on simule la majorité.

Là, où tous ne sont pas *en fait*, il n'y a personne *en droit*.

Au lieu d'une prescription répulsive, c'était une amende coercitive, égale au montant de la cote, qu'il fallait infliger.

Le Correspondant, feuille douée à la fois de sagacité, de loyauté, de fermeté, met à découvert les causes de la conduite.

« La position du parti, comme parti, est assez

difficile. Si on vote en masse pour l'opposition, on pousse à l'anarchie , et l'on cherche le triomphe de son opinion dans les déchiremens du pays. Au contraire , soutient-on les hommes du ministère , on est érigé en adorateur du juste milieu, et méprisé comme ambiteux sous tous les régimes.

« Ce n'est pas tout : il a paru essentiel que les royalistes fussent unanimes dans leurs mouvemens. Une portion d'entre eux se refusait absolument aux élections : les uns, à raison du serment qu'ils ne pouvaient se décider à prêter ; d'autres par une certaine paresse récalcitrante qui se trouve heureuse de rencontrer un prétexte ; d'autres pour attendre la fin de leur douleur ; d'autres sans doute, pour se conserver tout-à-fait purs et intacts pour une prochaine restauration ; d'autres par crainte, et qui, l'imagination effrayée des symptômes de l'horizon , évitent tout ce qui peut attirer l'attention sur eux, et se font aussi petits que possible , pour passer entre les doigts du comité public qu'ils voient venir ; d'autres enfin, qui en se retirant, boudent le pays pour le punir d'une révolution qu'il a faite ou laissé faire.

« Tous ceux-là donnaient donc leur démission de citoyens. Dès-lors ceux qui se portaient en avant et s'engageaient dans une nouvelle route , se crurent obligés de rétrograder, pour ne pas se voir abandonnés. Peut-être doit-on expliquer de cette manière un changement de système, d'ailleurs inexplicable par l'idée du devoir ou par l'amour du pays. » (*Le Correspondant,* 21 juin).

Ainsi chez les uns, la volonté s'est laissé entraîner par des motifs divers, étrangers, accidentels, insignifians : chez les autres, la volonté s'est laissé détourner par l'influence de la fausse honte.

Dans les premiers temps, la presque totalité avait le dessein de se rendre aux élections : au dernier moment, la grande majorité en avait encore le désir.

Il ne se rencontre que des gens qui disent naïvement ou niaisement : J'y aurais été, si on y avait été.

Le point d'honneur exploité par quelques plumes cupides ou ambitieuses, a dompté la pensée, la conscience, la volonté même.

En vain, l'émigration du pays excitée par des moyens pareils, est maintenant blâmée du bord le plus extrême.

Il faut que l'émigration de la cité ait lieu en semblable façon, allant aussi au-devant du blâme bientôt unanime.

Or ces faits ne montrent que la puérilité des esprits, que la pusillanimité des caractères.

Il y a des vœux sans doute : à peine il y a des espoirs : il n'y a point de projets, de complots.

Voilà ce qu'il faut comprendre ; car en supposant ce qui n'existe pas, on fait naître ce qui a été supposé.

Qu'on attende seulement ; le regret, le repentir ne tarderont pas à instruire.

Tel est l'homme.

Il agit d'abord ; il réfléchit ensuite.

Rien n'est plus rare que la conscience sache ce qu'elle doit, que la raison fasse ce qu'elle veut.

La conscience, la raison, ces précieux dons du ciel, distinguent l'homme de l'animal ; et étant rebutées, les laissent se confondre.

Le plus souvent, la conscience dénuée de lumières, passe à la merci des passions.

Le plus souvent, la raison dépourvue de puissance, cède à la voix des instincts.

Ainsi, le refus de se rendre aux collèges, n'a été ni dicté par celle-là, ni résolu par celle-ci.

La conscience n'a qu'un mot à dire : la raison parle de même à tous.

Et la discussion s'est prolongée ; les dissensions se sont élevées.

La raison observe, balance, prononce ; puis ne change pas, ne bouge plus.

Et l'opinion a varié, s'est promenée en divers sens.

C'est que deux sentimens de l'ordre instinctif ont seuls influé : Devant se combattre entr'eux ; devant triompher l'un de l'autre, à raison de leurs forces respectives.

La honte, la peur : voilà leurs noms.

La peur prééminente aux premiers momens,

après que les présages menaçans ont manqué ou tardé à s'accomplir, s'est presque évanouie.

Le peur enfantée par les mesures arbitraires et entretenue par les émeutes, alors que le pouvoir tentait d'être juste et ferme à la fois, a disparu peu à peu.

L'homme libéré de la peur ne se défendra plus de la honte.

On sait trop de quel coin surgit, sur quel bord agit, l'empire tyrannique de la honte, du respect humain.

Les têtes exaltées, les cœurs dépravés l'usurpent : les esprits faibles, les ames simples le subissent.

Surtout au sein du royalisme, l'ascendant se montre indomptable.

L'absence des collèges en porte la preuve.

« Le serment n'est qu'un prétexte : la plupart des journaux s'étaient prononcés pour qu'on le prêtât ; ce sont les mêmes journaux qui ferment maintenant la porte des collèges. Le serment n'est donc pas ce qui arrête ?» (*Le Correspondant*, 21 juin.)

Eh mais ! qui ne se rappelle comment les émigrés, afin d'être reçus en France, comment les propriétaires, afin d'être maires de paroisse, s'empressaient de prêter le serment ?

Bien que ce fût alors un serment d'homme lige ; un engagement envers l'être assis sur le trône ; une promesse faite en pleine liberté, faite en retour d'un certain prix, faite pour le cours entier de la vie.

Eh mais! qui doute que la république survenant et entraînant à sa suite les suspicions, les emprisonnemens, les condamnations, chacun aussi ne consentît à jurer fidélité, obéissance?

Bien qu'en ce cas, les craintes personnelles dussent seules déterminer.

Sous l'empire, on jura pour retrouver ses biens, pour se ressaisir des places.

Sous la république, on jurerait pour sauver sa propriété, pour garder sa liberté, pour assurer sa sécurité.

Motifs valides peut-être : et pourtant motifs tout-à-fait égoïstes.

Quelle erreur, ou quelle faute, ou quelle tache n'est-ce donc pas ?

En vue de soi-même, de soi seul, rien ne gêne, ne coûte, ne pèse.

L'honneur, le dévouement sont éliminés soudain.

Tandis qu'en vue de la société, en vue de la patrie, les obstacles, les empêchemens naissent ou renaissent.

Et l'honneur, le dévouement sont réinstallés aussitôt :

Là c'était faiblesse : ici c'est lâcheté.

Il y a lâcheté, par cela que le profit n'attire pas et que la peur n'entraîne pas, de se refuser à ce qui fut, à ce qui serait accordé autrement.

Il y a lâcheté , par cela que le pouvoir n'use pas ou n'abuse pas de sa force , à s'en prévaloir pour se tenir en état de récalcitrance.

Disons plus.

Des graces sont dues au pouvoir tel qu'il soit, qui maintient l'ordre social.

Même l'aide est due au pouvoir tel qu'il soit , en tant qu'il travaille à cette œuvre , et d'autant qu'il rencontre de l'opposition.

« L'autorité est de première nécessité ; si bien que dût-elle passer en des mains infernales, tous les vœux commandés par les besoins, se résigneraient à la soutenir. » (*Les Conseils de* 1828.)

Or, qui dira à quel point, la ligne suivie par les anciens royalistes, se jette à la traverse des voies ouvertes devant le gouvernement ?

Les uns peuvent y voir , les autres veulent y faire voir le signe d'une confédération générale , le premier trait d'une conspiration permanente.

De là, le gouvernement, soupçonné par les uns , menacé par les autres , se trouve impuissant à prévenir ou réprimer les actes anarchiques, se trouve contraint peut-être à prendre des mesures arbitraires.

Sa force diminue, sa vue se trouble.

La nécessité de se défendre , de se sauver lui-même , l'empêche de protéger , l'entraîne à persécuter.

On lui impose la plus fatale condition : et on s'irrite qu'il soit dominé par elle.

Prenez donc un homme, liez-lui les mains et les pieds, placez-le au gouvernail.

Puis mettez-vous en colère, si le navire dérive au gré des courans et se brise sur les écueils.

Encore s'il existait des projets, des complots, des espoirs; du moins cela ne serait pas absurde.

Telles fins, tels moyens : telles chances, tels risques. Rien n'est plus rationnel.

Mais il n'y a point de fins; mais ce ne sont pas des moyens.

Nulles conceptions, nulles combinaisons n'ont eu lieu.

Seulement l'humeur disposait ; et l'intrigue a décidé.

Deux coteries vouées à notre ruine et fermées au repentir, se promenant des revers aux rêves, ont agi, ont crié surtout.

Et la honte a commandé au nom de l'honneur; et le respect humain a mis sous le joug, la conscience.

On va voir comment la raison avec toute sa puissance, comment la vérité dans toute son évidence ont été non pas battues et vaincues, mais tournées et débordées.

On va le voir : il restera à le croire.

« Toute situation a ses devoirs. Vous êtes électeur, dès-lors vous avez pour devoir de vous rendre aux élections, afin de donner votre suffrage à un député, tel que le demandent les besoins du pays.

Et ce devoir est rigoureux, car il faut considérer que le nombre des électeurs, se trouve restreint à une catégorie, hors de laquelle se trouve une infinité d'hommes semblables à vous, et dont la force des choses vous a fait le représentant . . . . . .

D'ailleurs, demain la mort pourrait rendre impossible la combinaison sans laquelle on paraît décidé à ne pas vouloir marcher, et sans laquelle pourtant il faudrait marcher. Certes, la légitimité est un moyen de prospérité important, mais non pas indispensable, puisqu'on peut être contraint de s'en passer, et qu'apparemment la France ne descenderait pas dans le tombeau d'une famille . . . .

On a craint de voir le parti royaliste se dissoudre et s'annuler en tant que parti : mêlés aux affaires, les royalistes se créaient des habitudes, des sympathies et des antipathies en dehors de leur camp. C'eût été en quelque sorte une armée débandée dont les soldats, perdaient leur esprit de corps. Le point important a été pour les chefs d'éviter cette dispersion. Ils ont préféré condam-ner une masse d'honnêtes gens à l'inaction ; ils parquent leurs troupes comme pour les défendre de la contagion. (*Le Correspondant*, 21 juin.)

Ce sont toujours les mêmes fautes. En 1789, on disait : c'est bien ; laissez faire la révolution : elle aura peur d'elle-même, elle se jettera dans nos bras. Et, pour hâter ce dénouement, les châ-teaux boudaient, les grands propriétaires émi-graient, les officiers quittaient leurs corps. Pro-tester, c'était le mot d'ordre. Protester, entendez-vous ? c'était bien plus efficace que de combattre. Et il y avait là des hommes d'esprit qui chanson-naient la révolution : et la révolution leur sem-blait la chose la plus plaisante du monde ; et pendant qu'ils riaient, la révolution lanternait leurs amis, brûlait leurs maisons; et ils répétaient, c'est bien ! encore quelques excès et nous sommes sauvés. Et les excès ne manquèrent pas : il y eut massacre dans les prisons, massacre sur les champs de bataille, massacre sur la place pu-blique.

Et le mal continua d'engendrer le mal. Et pour y mettre un terme, il a fallu ce que l'histoire n'avait point encore vu. Et voilà comment, au bout de 25 ans, l'excès du mal produisit le bien.

. . . .

J'entends répéter autour de moi, restons chez

nous, laissons passer la république : le jour viendra où les libéraux modérés se repentiront, et ils viendront nous chercher. — Soit ; mais quand ils frapperont à votre porte, beaucoup d'entre vous qui parlez, n'y serez plus. Vous attendez ; mais attendre, c'est livrer votre tête, et non pas seulement la vôtre, mais celle de vos mères, de vos femmes, de vos sœurs, de nous tous, qui sommes solidaires de vos fautes . . . . .

Qu'importe, disent quelques-uns : notre sang, nous le donnerons s'il le faut. — Mais avez-vous le droit de donner le nôtre ? Et d'ailleurs, voyez à qui ont profité les mitraillades de Lyon, les noyades de Nantes, les meurtres de Paris ? Le 9 thermidor a-t-il relevé ce trône gisant sous la guillotine ? N'y a-t-il pas eu vingt années de confiscations, de proscriptions et d'exactions de toute espèce ? Et à qui faire accroire que 1793 a fait 1814 ? (*Le Correspondant*, 1er juillet.)

Les uns attendent une restauration prochaine qui rendra à la famille de nos rois, le trône de ses pères, et la plénitude de sa puissance, son budget d'un milliard, sa cour et la disposition des pairies et des préfectures. Ces hommes se persuadent très sérieusement que toute la France, même Paris, se ralliera au panache blanc, par la même raison qu'ils crurent que Charles X n'avait qu'à monter à cheval pour triompher de tous les obstacles, et pour faire rentrer dans l'abîme, l'hydre révolutionnaire (style du temps).

En vain, leur objecteriez-vous que la France est corrompue jusqu'à la moelle des os, et que dans une société corrompue, il n'y a pas plus de restauration que de république possible ; qu'une royauté n'est forte qu'autant qu'elle est l'expression des sentimens et des croyances religieuses et sociales des masses ; et qu'en France, les croyances religieuses sont altérées, les croyances sociales encore davantage peut-être.

On ne vous répond pas; mais l'on hausse les épaules et l'on vous soupçonne véhémentement de penser mal. La *Quotidienne* n'est-elle pas là, affirmant qu'il suffit de ne rien faire pour réussir, et de ne pas aller aux élections, pour assurer l'avenir de la France et le triomphe du principe monarchique ? d'ailleurs, ne lit-on pas chaque matin, des bons mots charmans, des épigrammes d'excellent goût, des odes et des élégies monarchiques? il est donc clair que nous aurons bientôt une restauration, prédite d'ailleurs par toutes les prophéties. (*Le Correspondant*, 5 juillet.)

Ils voient les imprudens, l'hydre républicaine relever ses têtes sanglantes; ils le voient, et ne cherchent point à conjurer un nouveau 93. Ils s'isolent, ils remettent à la Providence plus puissante que tous les efforts humains, le soin de notre salut commun. Mais la Providence leur crie : j'abandonne ceux qui s'abandonnent. Et ces cris du ciel n'arrivent point jusqu'à eux ; et, s'enveloppant du manteau de César, ils attendent une nouvelle dissolution de la société. La république est inévitable, disent-ils. S'il est dans les desseins de Dieu que la France soit de nouveau décimée , que le niveau révolutionnaire passe une seconde fois sur son sol, nous ne saurions l'empêcher.

Et ils ne sentent pas que c'est prêcher la doctrine du fatalisme, que c'est revendiquer la stupidité mahométane. *O cæca mens hominum ! (Gazette du Midi,* 23 juin.)

Hommes de la droite, qu'irions-nous faire aux élections, dites-vous en riant ? — Ah ! riez, riez. — Imprudens, le jour des regrets et des larmes approche. Qu'iriez-vous faire ? N'entendez-vous pas ces rugissemens qui répandent l'effroi, comme la sinistre voix de l'orage ? Écoutez ! écoutez ! reconnaissez-vous ces cris et ces chants ? N'est-ce pas là l'odieux concert qui accompagnait vos pères à l'échafaud et qui saluait l'incendie de vos habitations ?

La république ! aux cris de ces furieux, elle a répondu par un mugissement sourd qui, d'échos en échos, a porté l'allarme par toute la France ; et déjà la terre tremble des efforts qu'elle fait pour s'arracher du tombeau, où elle dort depuis trente ans, sous les ossemens de ses innombrables victimes. Elle en sortira , car les bons citoyens regardent et se taisent ; car de jeunes fous s'efforcent de l'en tirer.

Hommes de la droite, une république vient aussi avide, aussi insatiable que sa devancière : et vous voulez l'attendre sur vos chaises curules. Les enseignemens du passé sont donc steriles pour vous ; vous vous obstinez à suivre la même route que vos pères : Où sont-ils allés ? où allez-vous ? (*Le Berruyer*, 24 juin.)

Si Louis-Philippe, notre roi actuel, ne remplit pas les promesses consignées dans la charte, s'il ne peut vaincre l'anarchie prête à déborder sur nous, si la société doit encore rouler dans l'abîme, peut-être qu'un jour le peuple français, pourrait tourner les yeux du côté de ce cher enfant, comme vers une chance de salut et de repos. Mais cette espérance sera détruite à jamais, si ceux qui s'en proclament les plus ardens partisans, s'abstiennent des élections. En se séparant de la cause de la nation française au dix-neuvième siècle, ils rompent eux-mêmes avec l'objet de leurs affections ; car la société, pas plus que la religion, ne veut rétrograder au siècle de Louis XIV ; et tout souverain ne peut régner aujourd'hui en France que par les volontés explicites des citoyens, par conséquent sous la foi jurée de défendre leurs libertés. (*L'Union de Nantes*, 1er juillet.)

Nous l'avons dit : avec le principe de la souveraineté populaire, le serment de l'électeur n'a

point de lendemain. L'élection terminée, l'électeur, malgré le serment qu'il vient de prêter, n'est
ni plus ni moins lié envers le pouvoir existant,
que tout autre citoyen qui n'en a prêté aucun :
ce serment, tout de circonstance, cesse ainsi que
ses effets, avec la cause qui l'a fait naître......

La jeune France qui nous est spécialement
chère, n'a ni précédens à justifier ou à désavouer,
ni vieux erremens, ni engagemens quelconques à
soutenir. Le passé est en son pouvoir, comme un
vaste livre où elle puise ses leçons : mais elle n'est
pas au pouvoir du passé. Entraînée, comme le
reste, par ce mouvement général qui pousse le
monde à des destins nouveaux, elle marche avec
son siècle......

Nous disons qu'il n'est point permis de s'en re-
mettre au mal du soin de produire le bien ; que
cet essai fait il y a 40 ans, coûta trop cher et réus-
sit trop mal pour qu'on puisse le tenter de nouveau ; qu'il n'y a qu'un fatalisme absurde et impie, et ce qui est plus honteux, qu'un lâche
égoïsme, qui puisse porter des hommes à chercher les élémens de leurs succès dans les désastres
de leurs frères. (*Courrier de l'Europe*, 5 juillet.)

On nous a parlé du parti royaliste, comme on
nous en eût parlé il y a un an. On dirait qu'aucun
orage n'a passé sur nos têtes ; et voilà de vieux pré-
jugés, des opinions égoïstes qui se croient le droit
de nous jeter dans le même cercle d'erreurs, où
déja la France fut abîmée pendant trente années...

Que nous importe qu'on dise que nous nous séparons du parti royaliste? si cela était, nous plaindrions le parti royaliste, tel qu'on le fait du moins, car c'est lui qui serait séparé des doctrines sociales que nous défendons, de la religion d'abord, et puis de toutes les règles de droit public qui découlent de cette haute et sainte origine...

Il est difficile d'entendre que la victoire puisse s'obtenir autrement que par une guerre civile, ou par une invasion, ou par un combat légal et parlementaire. On peut bien s'abstenir de ces trois moyens à la fois; mais alors que reste-t-il? le fanatisme du derviche, qui attend les bras croisés, à la porte de sa demeure, que la providence ait résolu quelque chose, que la tempête passe, que l'incendie ait tout dévoré...

Après cela, de quel parti royaliste est-il question? est-ce du parti royaliste tel que les coteries l'ont fait à leur profit, ayant à sa tête quelques grands seigneurs qui, au jour du danger, cachent leur épée, mettent une grosse cocarde et courent à la chambre des pairs, au risque d'y rencontrer la république, l'empire ou Louis-Philippe...

Au reste, avertissons les royalistes, qui sont de bonne foi dans leurs opinions, qui se croient obligés en conscience de nous reprocher les nôtres. Il est à craindre que, sans s'en douter, ils ne soient les instrumens de quelque ambition inconnue d'eux-mêmes! Il y a des hommes en effet qui doivent repousser ce combat en champ clos et en plein soleil. Nous n'en disons pas davantage. Qu'on sache seulement que si le royalisme est destiné à reprendre quelque jour les affaires de la France, ce sera un royalisme neuf, national, populaire, lequel n'aura de force et d'autorité que parce qu'il se sera produit au grand jour, avec des pensées généreuses. (*Le Courrier de l'Europe,* 4 juillet.)

« Les principes sont immuables et éternels dans leur essence; mais en s'appliquant aux choses humaines, ils deviennent les sujets du temps et du changement. L'application des principes se prescrit dans ce qu'ils ont de relatif à des créatures changeantes et mortelles, quoique le principe absolu vive toujours. Il n'y a que des questions de temps chez les hommes . . . .

Il ne faut point se faire illusion sur les évènemens et sur les hommes : il y a dans l'histoire, de ces temps difficiles, où il faut faire violence à ses affections et à ses sentimens, et où la réalisation des vœux les plus légitimes, devenant impossible, il faut les sacrifier sur l'autel de la patrie . . . .

Alors le royalisme forcé de se soumettre, serait comme une honnête femme qui, contrainte de renoncer à l'espoir d'être unie à celui qu'elle aime et forcée de contracter d'autres liens, se résout par nécessité à donner sa main à un homme qu'elle n'aime pas, qu'elle n'aimera jamais; mais envers lequel elle s'engage d'être fidèle; non parce qu'elle affectionne celui à qui elle se lie, mais parce qu'elle se respecte elle-même. (*Quotidienne*, 18 mai.)

Au moment où la prochaine ouverture des collèges électoraux va rendre sans objet une discussion qui peut-être a été trop prolongée, nous croyons devoir la fermer par une dernière observation, dont les royalistes de toutes les nuances sauront, nous aimons à le croire, apprécier l'intention loyale et toute fraternelle.

Dans la résolution prise par l'immense majorité des royalistes de s'abstenir cette année de prendre part aux élections, il y a à la fois une affaire de conscience et une question de parti.

Nous n'avons rien à exiger des consciences. Chacun dispose de la sienne; chacun est maître de lui obéir ou de lui résister (car au fond la conscience n'a qu'une voix).

Mais il n'en est pas de même de la raison politique. Lorsqu'un parti adopte avec maturité une résolution à laquelle il croit son honneur et ses intérêts attachés, cette résolution engage tous les membres. Si donc quelques-uns adoptent une résolution contraire, par ce seul fait, ils se séparent de leur parti et se placent sur un mauvais terrain; d'abord parce qu'ils y sont en minorité; en second lieu, parce qu'ils suivent une ligne de conduite impossible à défendre par les principes, et très difficile à justifier par les résultats.

Dans tous les cas, il est bien évident que s'ils entraient à la chambre, ils ne pourraient pas y porter la prétention de représenter un parti politique qu'ils ont abandonné; sachant très bien que ce parti entendait rester, au moins en ce moment, constitué en dehors de la chambre et en présence des évènemens.   (*Quotidienne* du 2 juillet.)

« Le serment est un acte de religion, où celui qui jure prend Dieu à témoin de sa fidélité en ce qu'il promet, ou pour juge et vengeur de son infidélité, s'il vient à y manquer. » Cette définition du serment, dont nous empruntons les expressions à Domat, appartient à tous les pays et à tous les temps.

Aussi c'est en levant la main sur le livre dépositaire de la religion révélée, que l'on prêtait serment dans toute la chrétienté. La révolution d'Am 'rique ne changea rien à cet antique usage. Quelque désir qu'eût la république naissante d'appeler de toute part, de nouveaux citoyens, elle ne conféra les droits politiques qu'à ceux qui pouvaient prêter serment sur les saints Évangiles.

Mais en France, où la révolution avait été préparée par la conjuration d'une philosophie impie, la religion fut bannie de l'Etat. Dès-lors le mot serment, dans le nouveau langage politique, n'eut plus aucun sens; car là où il n'y a pas de religion de l'Etat, aucun engagement envers l'Etat ne peut avoir pour sanction cet acte religieux qu'on appelle serment.

« C'est une formule insignifiante (dit *le Globe*). Il n'y a de serment que devant Dieu, et le serment ne saurait être obligatoire que lorsqu'on croit au Dieu devant lequel on jure ; or, aujourd'hui, la société n'a point de Dieu. »   (F. du 27 avril.)

« A présent, dit *le National*, c'est le peuple souverain ou les électeurs qui nomment leur président : comme il n'a reçu mission que de ses égaux, qu'il leur demande ou qu'il ne leur demande pas le serment, les élections ne s'en feront pas moins. Si on avait maintenu ce serment contre la conscience d'un parti, quel honnête homme voudrait en réclamer rigoureusement l'exécution ? Aussi, comme on le demande et comme on le prête ! On vous passe un petit carton sur lequel il y a des mots imprimés ; vous les dites ou vous ne les dites pas, ou vous dites autre chose : personne ne vous écoute, parce que cela est tout-à-fait inutile..... Dans la question du serment, nous n'avons pas fait entrer de considérations religieuses, parce que ce qu'on appelle serment en France n'a pas plus de sanction religieuse que de sanction légale : c'est un mot qui nous est venu d'un temps qui n'est plus le nôtre. » (F. du 13 mai.)

. . . .

Mais, dira-t-on, si la religion permet de faire le serment ou la promesse demandée, l'honneur ne le défend-il pas ? On pourrait d'abord répondre en citant l'opinion de Grotius, de Puffendorff et de toutes les voix par lesquelles l'Europe a parlé (pour nous servir des expressions de Montesquieu). Nous nous bornerons à considérer

cette question telle qu'elle se présente actuelle-
ment en France.

Selon l'expression du publiciste le plus accré-
dité du parti dominant, « il n'y a plus de sujets en
« France, mais seulement des citoyens : le roi
« lui-même est un citoyen, et l'on ne peut pas
« demander un serment sérieux d'un citoyen à
« un citoyen.... Il serait absurde de prendre un
« à un les citoyens, et de les sommer de pro-
« mettre par serment que ce que l'immense ma-
« jorité a fait un jour, cette même majorité ne le
« puisse pas défaire tôt ou tard, si elle est autre-
« ment inspirée. » (*Le National.*)

La souveraineté n'a pas passé de Charles X à
Philippe Ier, mais au peuple souverain, représenté,
en vertu de la loi de 1817, par les collèges électoraux de tous les départemens. Tout le pouvoir
est donc dans la représentation nationale, pouvoir
bienfaisant ou funeste, sage ou insensé, selon les
membres qui la composeront. Ce pouvoir, nous ne
l'avons pas usurpé, nous qui n'avons pas eu part
à la révolution de juillet ; il nous a été conféré
malgré nous ; mais enfin nous l'avons, nous en
sommes chargés ; et dès-lors ne sommes-nous pas
responsables du choix des députés, qui ne trou-
veront que dans leur probité, les limites de leurs
pouvoir ? Non-seulement l'honneur, mais les intérêts les plus chers de notre patrie, de notre religion, nous font un devoir de ne pas faire une
retraite si imprudente devant les factions. (*Gazette de France*, 51 mai 1851.)

On n'a pas fait jusqu'ici une observation important : c'est que le serment politique, tel qu'il est institué en France, ne saisit pas l'homme et ne saisit que la fonction. Cela est si vrai, que chaque délégation nouvelle entraîne un serment nouveau, en sorte que toute interruption anéantit l'engagement. » (*Gazette*, 5 juin.)

Le ministère, a fait une faute en ordonnant la saisie de la déclaration du sens dans lequel les électeurs de la droite entendaient le serment prêté à Louis-Philippe ; car, si ce sens du serment n'est pas admis, il s'ensuivra que les électeurs royalistes ne paraîtront pas dans les collèges électoraux ; et alors tout ce qu'on a vu en 91 se reproduira. Écoutons Madame de Stael :

« Une crise démocratique est devenue beaucoup plus probable quand tous les hommes employés dans la monarchie ancienne ont abandonné leur pays..... L'absence des nobles ébranlait la sécurité générale : les propriétaires n'offrant aucun soutien à la liberté, la force démocratique a pris le dessus. Les nobles quittèrent leur pays en masse, et allèrent se joindre aux étrangers. Cette résolution funeste a rendu la monarchie constitutionnelle impossible, puisqu'elle en a détruit les élémens conservateurs. »

Une émigration forcée à l'intérieur produirait le même effet ; et le serment en serait cause. (*Gazette*, 6 juin.)

Il y aura évidemment dans la chambre nou-

velle, un élément de moins qui a tenu une très
grande place dans nos affaires parlementaires :
cet élément est le centre droit. Il résultera de sa
disparition que le centre gauche qui, depuis
quatre ans, s'était uni au centre droit par des
concessions mutuelles, ne trouvera de ce côté
que quelques hommes de l'extrême droite, pour
lesquels sa répulsion sera très forte. Le centre
gauche restera donc livré sans aucun contre-
poids, à l'action continue de la gauche ; et dans
cette donnée apparaît la certitude d'un ministère
de gauche. (*Gazette*, juin.)

Nous avons dit que les hommes de la droite qui
iraient aux élections pour voter en faveur des
centres, seraient des défectionnaires et des renégats. (*Gazette*, 8 juin.)

En vain, dans plusieurs journaux, s'est exprimée la conscience armée de raison : et dans les autres, la vérité a percé, en dépit des vœux.

En vain, l'homme de bien (M. Clausel de Coussergues) est apparu, refusant de jurer au prix d'une place de 15,000 fr., consentant à jurer à l'appel du pays, à l'ordre du devoir.

C'est le sort de l'honneur d'être pris pour dupe ; l'histoire apprend par qui il est toujours dupé.

Deux feuilles ont tout fait : dont le caractère fut ainsi signalé à la veille des ordonnances.

« Ce n'est pas ce que veulent les royalistes de métier, ces êtres dénués d'ame et de sens, qui se font une affaire privée, des affaires publiques. »

« Ecoutez-les : il semblerait que notre roi va renier sa foi, retirer son œuvre, ressaisir son ancien pouvoir.

« Ils parlent seuls ; ils sont seuls entendus. »

« Qu'on les fasse taire, ou qu'on en laisse parler d'autres. « (*Le retour à la charte*, juillet 1830).

Feuilles marquées du sceau fatal, dont l'alliance apparente a perdu la dynastie, dont l'aide malencontreuse écarte toutes les chances du temps.

Feuilles, que le remords enfin, que la pudeur seulement devaient ensevelir dans le silence.

Depuis le 8 août 1829, la *Quotidienne*, la *Gazette* se sont complues :

A exciter , à encourager le cabinet, qui certes n'en était pas tenté alors , à entreprendre des coups d'Etat, à reprendre les voies de l'absolutisme ;

Et à irriter, à exaspérer l'opinion, en propageant l'idée, qu'il le devait, le voulait, le pouvait.

Depuis le 19 mai 1830, la *Gazette* s'est attachée à démontrer que le refus de l'adjonction de M. de Villèle, annonçait le dessein de sortir de la ligne parlementaire.

Il faut croire à cet égard, celui-là même qui parvint, bien que trop tard , à la ramener dans un sens meilleur.

Il faut croire sur les autres points, celui qui ne se lassa jamais d'exposer aux ministres , quels périls résultaient d'un tel langage. (Voir l'appendix.)

Ici , toute vérité est à dire : ménager l'homme privé , ce serait trahir la chose publique.

Qu'est-ce que la *Quotidienne* ? non pas la feuille de l'illustre fondateur; non pas la feuille du successeur immédiat.

Deux fois la propriété , deux fois la rédaction ont changé de mains ; toujours moyennant finance.

Le couteau de Jeannot n'était pas autre : usant

deux manches, deux lames, et restant le même.

En mettant le digne gérant hors ligne, le dividende, le salaire font la loi, et dictent les principes, ébauchent les phrases.

La *Gazette* talonne de près, envahit de plus en plus; il n'y a pas à joûter pour le talent; il faut la dépasser, la déborder quant aux opinions.

L'exagération ne suffit pas : on a recours aux déceptions.

A l'intérieur, à l'extérieur, ce n'est qu'un feu roulant de mensonges.

En décembre, par deux fois, Louis Philippe saisi de peur s'est enfui à Neuilly.

En février, l'esprit public tourne à la légitimité; et l'auguste veuve envoie cinq cents francs pour la quête de S.-Germain.

Chaque jour, le ministère est accusé de rudesse envers les émeutes, de lâcheté vis-à-vis les puissances.

Et les crises locales sont provoquées; et le sang coule vainement.

Qu'importe cela ?

Comme en parodie de la fameuse sentence des jacobins, cette maxime est ce semble adoptée : périsse la France plutôt que notre clientelle.

Telle est la feuille qui vient proclamer la loi suprême.

« La résolution est prise par l'immense majorité des royalistes de s'abstenir cette année de prendre part aux élections. »

« Lorsqu'un parti adopte avec maturité une
résolution à laquelle il croit son honneur atta-
ché , cette résolution engage tous les membres. »

« On sait très bien que ce parti entend rester
constitué en dehors de la chambre et en présence des évènemens. » (*Quotidienne*, 2 juillet 1831.)

Mais qui donc constata la majorité, et garantit
la maturité ? Qui donc comprend que le parti
royaliste reste constitué entre quatre murs ?

Certes la *Quotidienne* n'en sait rien. Seulement elle le dit, afin qu'on le croie.

A tromper sans peine, avec profit, quel sot
s'y refuserait ?

Nobles gens , simples gens , ainsi on se joue de
votre raison , de votre conscience, de votre volonté même.

Ainsi on donne lieu à supposer que vous ne
rêvez que désastres et ravages et massacres.

Or, quelle erreur serait la vôtre ? écoutez
plutôt.

« Que de choses dans le fait de la révolution,
dans le mot de la souveraineté !

« Non, nul ne l'avait prévu.

« Il faut prévoir maintenant.

« Le fait impose les larmes, récuse les armes.

« En le combattant, de même qu'en y conni-
vant, les suites ne se laissent pas apercevoir.

« Le désordre et la licence , les désastres de
toute sorte sont trop constans.

« Le mal précède : le bien succédera-t-il ? on ne sait.

« Encore dans l'ordre matériel, le temps a des remèdes contre les maux du temps.

« Sauf néanmoins les têtes qui sont tombées, le calme relève, répare les existences : et l'oubli qui accourt, étanche les regrets, cicatrise les plaies.

« Mais dans l'ordre moral, point de curatifs ! à peine des palliatifs !

« A travers les crises sociales, la lie monte d'abord et encroûte la surface : puis la masse entière se corrompt, se putréfie.

« Qu'on ne bouge pas l'homme. Sa vertu est de routine, d'inertie : le mouvement, le frottement en ont la fin. » (*La Loi des circonstances*, octobre 1830.)

A Dieu ne plaise que la *Gazette* soit comparée à la *Quotidienne !*

Ici, la fortune est certaine et progressive, est cautionnée par les talens les plus éminens.

On ne court pas après les abonnés ; ils accourent d'eux-mêmes.

De là, point de déceptions, point d'excitations.

Pour tel royaliste qui se sent le cœur et se donne le temps de lire deux journaux, la *Gazette* porte l'antidote, donne l'*erratum* de la *Quotidienne.*

3

Une vue droite et saine , montre trop les périls d'une crise quelconque , montre assez peut-être l'erreur des ferventes espérances.

On en appelle au temps qui promet tout ce qui plaît ; on prend repos sur les miracles de l'avenir.

Toutefois , dans l'attente inquiète des décrets ignorés de la Providence , l'homme ne se retient pas , ne s'abstient pas d'aller en avant, au gré de sa frêle idée.

Mais tout est vanité et vanité des vanités.

Les moyens travaillent contre les fins.

Ainsi que plusieurs feuilles royalistes, la *Gazette* prêche le suffrage universel.

Ne voyant pas que dans les classes inférieures surtout, le citoyen ne se croit plus sujet, et le membre du souverain ne conçoit plus l'obéissance à la loi.

Ne voyant pas que tout être investi de droits politiques, alors que les mœurs se perdent et que les habitudes sont brisées, passe inévitablement à la merci des suggestions perfides, et se livre aux flatteuses tentations de la licence publique et privée.

Ne voyant pas que d'autant les citoyens actifs sont en plus grande masse, sont de plus basse sorte, d'autant la majorité se trouve pauvre en lumières, et se laisse mener par une minorité de plus en plus faible.

La *Gazette* y joint une autre thèse. Sautant à reculons par-dessus quarante années, elle prétend

ramener la France à l'âge d'or de 1789, et ressus-
citer, après deux siècles, l'omnipotence des états-
généraux :

Comme si une telle idée, enfant gâté du génie
créateur, pouvait recruter, dans quelque rang
que ce soit, plus d'un ou deux esprits fantastiques :

Comme si cette idée ne devait pas au contraire,
et refroidir les auxiliaires en dévoilant la vanité
des desseins ; et enflammer les adversaires, en repoussant les vœux les plus légitimes.

Présages trop décisifs !

Au moins, pendant le combat, les libéraux se
montrent unis et ralliés : tandis qu'après la défaite,
chaque royaliste forme son plan d'attaque à part.

Tellement que le parti, brisé en fragmens,
broyé en poussière, n'offre plus de noyau d'a-
grégation, n'exerce plus qu'une force de répulsion.

C'est ce qui arrive quant aux élections.

Deux ou trois feuilles invitent instamment à s'y
rendre ; une feuille le prohibe obstinément.

Une dernière feuille, lors des élections partielles,
en dissuade d'abord, y engage ensuite ; et lors des
élections générales, d'abord y pousse, ensuite en
écarte.

Deux causes ont influé, l'une trop patente, l'autre à peine secrète.

Qu'on lise seulement la *Gazette.*

(Octobre 1830) Depuis l'abaissement de l'âge,

nous devons dire que M. de Genoude est éligible.

(2 juillet 1831) M. de Genoude ne s'est pas mis sur les rangs, pour la chambre actuelle.

Est-ce assez clair ?

Et, il est démontré, ce semble, qu'une influence persistante, qu'une intrigue persévérante, sont intervenues : deux fois, rebutées sous le charme des espérances; deux fois accueillies sous le coup des mécomptes.

Tout l'annonce.

L'homme de malheur, dès long-temps surnommé ainsi, est expulsé de la scène et tient encore les fils, au fond de la coulisse.

L'homme de malheur qui trouva une France royaliste, a laissé une France libérale.

L'homme de malheur qui perdit la dynastie, n'a plus qu'à perdre la patrie.

Mais écoutez, comment du foyer des palinodies, s'élève la formidable sentence.

« Les hommes de la droite qui voteraient en faveur des centres, seraient des défectionnaires et des renégats. » (*Gazette*, 8 juin.)

Vous l'entendez : le centre droit est compris, est confondu avec le centre gauche. L'extrême droite est seule en grace.

Or, à quelle fin est lancée cette prohibition ?

« Le côté droit a disparu : le centre gauche sera en majorité. Mais le centre gauche, moins le centre droit, sera bientôt rejeté dans le sens du côté gauche. » (9 juillet.)

Donc il ne fallait pas de centre droit.

Donc, ceux qui en nommant des royalistes ou même des libéraux modérés, tentent d'éviter un ministère de gauche, et d'écarter ainsi les risques de guerre étrangère et intérieure, d'anarchie sociale et morale, sont des renégats.

Des renégats! mais à quoi et en quoi?

Certes, non pas aux doctrines de la *Gazette* qui ont varié de jour à autre, qui ont été réfutées par leurs conséquences même.

Et non plus, à ses félicitations, lors de la mesure du licenciement, dont elle vient de faire amende honorable (1).

---

(1) Tout le monde dit aujourd'hui que si la garde nationale avait été organisée lors de l'insurrection de juillet, la révolution n'aurait pas eu lieu, et que tout aurait fini par une transaction entre Paris et Rambouillet. (*Gazette*, 16 avril.)

« Si la garde nationale eût été alors sur pied, les rues auraient été préservées du désordre ; la résistance aux ordonnances se serait faite par d'autres moyens.....

« Tout aurait fini par le ministère Mortemart que demandait l'opposition, et par le triomphe de la charte, au nom de laquelle on résistait. (*Gazette*, 18 avril.)

« A Paris, la garde nationale est tout : loi, justice, pouvoir; épée, bouclier et rempart. Otez-la, tout tombe dans la confusion.

« Qui nous dira ce qu'aurait produit son existence au 29 juillet ? aurait-on poursuivi devant elle une attaque furieuse et une défensive imprudente ? aurait-on culbuté ses

Certes, non pas aux intérêts vitaux de la royauté, qu'ils ont défendus constamment, contre ses faux amis, contre ses francs ennemis.

Et non plus aux besoins essentiels de la société, qui reste seule à sauver, qu'il faut sauver à tout prix, par toute voie.

N'importe! ce sont des renégats; ils seront honnis.

Fort bien. Mais alors, ce sont des fidèles, alors ils seront honorés; ceux-là qui n'ont cessé de spéculer en argent, en pouvoir, en crédit, sur les chances de la politique.

Tantôt érigeant le renouvellement intégral, essayant le remboursement des rentes, inventant les lois du sacrilège et d'aînesse, imaginant la loi sur la presse.

Tantôt admirant le licenciement, appuyant la censure, accueillant la dissolution de la chambre, approuvant la dégradation de la pairie.

Eux honorés! nous honnis!·l'un suit l'autre.

---

profondes colonnes, soit pour aller souiller le trône aux Tuilleries, soit pour faire triompher à l'Hôtel-de-Ville les ordonnances du 25 juillet? (*Gazette*, 20 juin.) »

La *Gazette* est en retard de quatre ans : en mai 1827, cela même avait été dit ou prédit, dans l'écrit intitulé : *Un homme de trop*.

APPENDIX.

Extraits de Mémoires et de Notes , remis à plusieurs Ministres.

MÉMOIRE , novembre 1829.

Il faudrait parler à l'opinion et la prendre dans le droit fil , et ne pas l'attaquer à rebrousse poil.

Or, sous ce dernier rapport , tant que la *Quotidienne* sera censée , tant que la *Gazette* sera déclarée être un des organes du ministère , combien n'y a-t-il pas à dire?

Qu'on écoute celle-là , avec la meilleure foi, avec une foi trop au‑dessus de la portée du siècle , revenir incessamment et sur la suprématie du saint-siège , devant des gens qui à peine croient en Dieu ; et sur le droit divin des couronnes , qui érige en un dogme religieux l'absolutisme , qui laisse la charte sous le coup de l'arbitraire légitime.

Ainsi , rejetant dans les rangs ennemis , tout ce qui n'est pas catholique au même degré, tout ce qui est constitutionnel , par la haine de l'ancien régime , ou par les espérances du nouveau.

Qu'on écoute la *Gazette*, tantôt exalter jusqu'aux torts de la monarchie , et blâmer jusqu'à la résistance des parlemens ; tantôt vanter les heureux effets , et , ce semble , annoncer le retour de certaines lois mal accueillies dans les

temps ; tantôt traiter avec mépris les classes laborieuses ,
et déverser sur la chambre , des sarcasmes amers , des
menaces révoltantes.

Ainsi, repoussant tout ce qui n'est pas ramené à l'a-
mour du pouvoir absolu, tout ce qui fut opposé à l'avant-
dernier ministère , tout ce qui, dans ces classes et dans la
chambre , se sent de race humaine , se croit en droit aux
égards.

Que le gouvernement ne parle plus par les journaux ;
et seulement qu'il laisse parler les anciens journaux, qu'il
aide à parler de nouveaux journaux.

La raison , la justice, la vérité, qui semblent être avan-
cées par ses ordres, pour les esprits obtus ou réfractaires,
jamais ne seront, ni la raison , ni la justice , ni la vérité :
au lieu que ces puissances morales, en jaillissant comme
de source , et non sans être épurées dans leur lutte , ren-
treront dans la prérogative de porter la conviction.

MÉMOIRE, JANVIER 1830.

Mais au moins, qu'on ne blesse pas à plaisir, qu'on
n'affronte pas sans motifs, ni l'idée, quelque folle et vague
qu'elle soit, ni l'habitude, quand même elle serait ridi-
cule , absurde.

Ne citons qu'une feuille , qui fait plus de mal, à elle
seule, que tous les journaux ensemble.

Veut-on de la politique ?

Toujours des systèmes , des théories , des thèses, qui
sont ou à côté des vraies doctrines , ou en dehors de l'ordre positif; et que l'ennemi saisit avidement , prétendant
y trouver le secret du gouvernement.

Tour à tour, la déclaration de 1789 est identique avec

la charte de 1814 ; et la résistance contre Maupeou et Brienne était un attentat ; et les parlemens, les états, le clergé peut-être, furent des révolutionnaires.

Ensuite, les projets de l'avant-dernier cabinet devaient sauver l'État, peuvent seuls encore le sauver : et l'opposition ministérielle, constituait une défection royaliste.

Enfin, pour faire un choix entre mille diatribes contre cette chambre, dont les boules ont tant de poids, la majorité était composée de jacobins démagogues, de jacobins impérialistes, de jacobins doctrinaires.

Veut-on de la morale ?

Le cours se compose d'insultes et d'outrages aux classes inférieures, aux petits rentiers; d'ironie et de mépris envers les condamnés, les esclaves.

Il faut s'arrêter : la mémoire a pris à tâche, de se débarrasser au plus vite d'un tel fardeau. A peine en a-t-elle conservé quelques traits passablement marquans.

« Il paraît que le séjour des bagnes donnera à envier d'y être admis. »

« On vit M. de Châteaubriand s'apitoyer sur le sort des rentiers du Marais et de la rue d'Enfer. »

« Il a bien fallu entendre la philippique de M. de Tracy (sur la traite des noirs.) »

NOTE, JUILLET 1830.

La Gazette est d'abord aux ordres du cabinet : et on n'y rencontre que des thèses abstraites, que des théories fantastiques, accompagnées d'insultes et d'outrages contre les diverses sections de l'opposition.

« La charte n'offre que la déclaration de 1789 ; et l'article 14 explique toute la charte; et la majorité doit à

peine être comptée ; et deux pouvoirs possèdent l'omnipotence. »

Puis, ce sont des invocations au pouvoir absolu, des
malédictions aux états et aux parlemens, des impréca-
tions contre tous les actes de l'assemblée constituante.

Le 19 mai arrive : *la Gazette* quitte ses rangs. A l'en
croire, on ne veut plus du gouvernement parlementaire,
du régime constitutionnel.

Si bien que sous l'une et l'autre face, tantôt elle affiche,
tantôt elle dénonce les prétendus complots.

Alors apparaît *l'Universel;* modéré et raisonné, tant
qu'il n'a pas encore conquis la faveur du ministère.

Et cela fait, tournant à l'inconséquence ou plutôt à
l'extravagance.

Ecoutez : *le roi cèdera-t-il? ne cèdera-t-il pas?* Ce
thême encombre ses colonnes : sous les formes dubita-
tives, on prend à tâche, ce semble, de noyer la parole af-
firmative de la couronne.

Ecoutez : les 221 sont indignes : ils ne peuvent pas,
ils ne doivent pas être réélus; surtout ils ne le voudront
pas immanquablement.

La réponse est arrivée par le télégraphe, et met fin aux
malencontreuses prophéties.

Maintenant, on va exhumer le mot du tiers-état,
tout étonné de rentrer en scène après le dénouement du
terrible drame.

On va proclamer en lettres capitales, bien que la charte
porte la démission de ce titre, que le souverain, *c'est
le roi.*

C'est-à-dire qu'en sens inverse, *l'Universel* abjure la
foi politique, tombe dans l'hérésie, à l'heure même où il
s'est adonné au ministère.

Mais quelle serait donc la race de Cretins, dont l'esprit obtus, dont les sens perclus, manquassent à être affectés, aliénés à tant de titres ?

PROJET DE NOTE, FIN JUILLET 1830.

La royauté est mille fois plus compromise par les journaux dits royalistes, que par les feuilles libérales.

Encore, celles-ci accumulent à un tel point, les mensonges, les calomnies, et qui pis est, les absurdités, les contradictions, que leur crédit tend à baisser successivement.

Pour les achever, il ne manque que la concurrence illimitée qui en aggraverait les excès, qui les mettrait en état d'hostilité.

A quoi, il y aurait à ajouter la plus sensible leçon, en publiant le résumé comparatif des articles de ces feuilles.

Afin de présenter en bloc, ce qui a passé jour par jour sous les yeux ; afin de réunir dans une simple impression, les atteintes fugitives dont l'esprit avait été peu affecté.

Eh bon Dieu ! qu'on commande le même travail à l'égard des journaux royalistes, et l'esprit trop oublieux sera frappé, attéré, pétrifié, à voir cette surabondance de thèses, de thèmes, de théories politiques qui ont été tour à tour, soutenus et combattus.

Rien n'y a été omis, en fait de ce qui est funeste, fatal.

Le droit divin, la monarchie absolue, le pouvoir constituant, s'y sont vus traduits en pompe, avec emphase, à la barre de cette opinion publique qui se révolte à leur aspect.

Puis, les insultes, les outrages ont été prodigués soit à telle section, soit même à la majorité des deux chambres, dont les adresses, les votes devaient cependant exercer une immense influence.

Puis, les dédains, les mépris sont versés à grands flots sur cette classe moyenne des électeurs dont les boules devaient apporter de si grandes difficultés.

Enfin, à cette heure même, le tiers-état et la roture d'une part, la noblesse de l'autre, servent de lieux communs à combler les pages de *l'Universel*.

Là, git le mal : de là, surgissent les craintes et les défiances, l'esprit de haine et d'envie ému à trop juste titre.

Car la passion et la sottise reportent toutes ces choses au compte de la pensée, de la volonté secrète du gouvernement.

La cause de la royauté ne triomphera pas, tant que les intrigans et les flatteurs seront admis à la servir ; tant que le gouvernement se prêtera à les laisser parler comme en son nom.

A. PIHAN DELAFOREST,

IMPRIMEUR DE LA COUR DE CASSATION,
rue des Noyers, n° 37.

www.ingramcontent.com/pod-product-compliance
Lightning Source LLC
Chambersburg PA
CBHW061441050726
47593CB00004B/1409